흐름

QR 대표 영상 시노래 감상하기

창작동네 시인선 199

흐름

인 쇄 : 초판인쇄 2025년 11월 15일
지은이 : 전문구
펴낸이 : 윤기영
편집장 : 정설연
펴낸곳 : 노트북 출판사_
등 록 : 세 305-2012-000048호
본 사 : 서울시 동대문구 사가정로 256-4호 나동 B101
전 화 : 02-831-5832 팩시밀리 02-844-5756
H   P : 010-8263-8233
이메일 : hdpoem55@hanmail.net
판 형 : 신한국판형 P144 130-210

2025년 11월 15일 흐름 전문구 제6집

정 가 : 10,000원

ISBN : 979-11-24140-02-4-03810

*저자와의 협의로 인지는 생략합니다.
*잘못된 책은 교환해 드립니다.

서문

 밤사이 하얀 안개의 막 속에 가을이라는 공연이 준비되어 있다. 햇볕 관객의 등장에 서서히 막이 오른다. 감탄사가 입을 다물지 못하게 한다. 자연의 공연은 따라 할 수 없는 실연이다. 오늘도 그 속에 푹 빠져든다.
 문학 헌장을 보면 문학은 인간이 창조한 가장 심원한 예술이라고 한다. 그 속에 들어 있는 갈망하는 것은 무궁무진하다. 글은 거짓을 전하지 않는다. 뱉은 말은 허공을 향해 사라질 수 있지만, 글은 흔적이 남는다. 나는 글을 사랑한다. 사랑하고 사랑해도 다가오지 않는 글, 그렇다고 사랑의 대상을 바꿀 수 없다. 다만 사랑받는 것보다 사랑하는 것이 더 행복하다는 말을 믿고 있기 때문이다.
 여섯 번째 시집을 내면서 아직 부족함을 느낀다. 운동을 하면 발전이 있다, 시집도 마찬가지 숫자가 늘어날수록 깊이가 있어야 한다는 것을, 배움을 통해서 알고 있지만, 마음처럼 쉽지 않다. 그래도 좋아하는 것을 즐기며 살 수 있다는 것에 크나큰 행복을 느낀다. 오늘도 눈치 없이 바라보는 화면이 흔들린다. 아내의 문소리에 깜짝 놀란다. 죄지은 것도 호기심 화면을 보는 것도 아닌데 놀라는 것은 아직 시에서 밥이 나오지 않기 때문이다. 하지만 열심히 논에 물을 대고 있다. 모가 자라면 모심을 준비를 한다. 계절에 맞게 얼마나 자라 줄지…….

 말없이 응원해 주는 아내와 가족, 잘 보이지 않는 눈으로 열심히 읽어 주시는 아버님께 감사하고 해설을 써주신 윤기영 평론가님 그리고 정설연 편집장님께 진심으로 감사드립니다.

11월 어느 날 전문구

목 차

1부. 흐름

010...흐름
011...고마워
012...꽃심
013...꽃
014...나비의 품격
015...달맞이꽃
016,,,라일락 앞에서
017...바람
018...백년가약
020...버드나무 처녀
021...비탈밭
022...사랑이 생긴다면
024...아람
025...어떡해
026...여름은
028...키스
029...하루의 개그(gag)
030...할머니
032...휴식
033...흐름·2
034...흔적
035...늦가을

2부. 기차역

038...개똥참외
039...그랬구나
040...그런적 있지
041...기차역
042...길
044...동네 찻집
046...나
047...멍
048...바다
050...뱃살
051...부부 싸움
052...비혼 예술가의 거짓
053...사라진 것
054...삶
055...소문
056...신
057...여보세요
058...의자
059...착각

목 차

3부. 내 마음

062...같은 산
064...곁불
065...내 마음
066...방치
067...빨랫줄
068...사기꾼
070...산
071...산사
072...상상
073...새끼
074...숲
075...아버지 마음
076...안하무인
077...여름비
078...엄마
080...외톨이
082...운동
083...유리 지붕
084...인구
085...친구는

4부. 겨울에는

088...가을볕
089...겨울 시기
090...겨울에는
091...결실
092...고행 흔적
093...곡우
094...곰삭는 이유
095...공통어
096...그런 거야
098...나의 봄
100...그리움
101...동네
102...닮은 꼴
104...바늘
105...모르리
106...보글보글
107...봄날이고 싶다
108...보릿고개
110...서리
112...봄소식
113...여행
114...한해
115...허무
116...가족
120...세월 안에 포개진 주름 「흐름 시집」 평론가 윤기영

1부. 흐름

고향을 그리는 마음의 결이
김칫국물에 눈물을 떨굽니다
가난이 멀어진 줄 알았는데
고향이 멀어져 있었습니다

흐름 중-

흐름

시노래 영상

허기진 꽁보리밥
목 넘길 때는 몰랐습니다
나만의 향기가 나올 수 있음에
코를 비틀며 감사했습니다

짠지 한입 오물거릴 때
눈웃음 짓는 누이가 가물거리고
버짐 먹은 얼굴이 보일 때
세수 안 한 조각인 줄 알았지요

한 시간 도로를 잡고
보리밥을 찾을 때는
빈 배가 아니었습니다
미끄덩거리는 납작보리

고향을 그리는 마음의 결이
김칫국물에 눈물을 떨굽니다
가난이 멀어진 줄 알았는데
고향이 멀어져 있었습니다

고마워

부모님 입에 걸린
길어진 입꼬리
큰 웃음 흘리다
빠져버린 틀니
빠진 웃음에
더 웃음이 난다

누이야 고맙다
오늘은 너의 어머니
내일은 나의 아버지
기쁘게 해 드리니

전문구

꽃심

무더기로 뭉치면
아름다움이 배가 되어
따라 할 수 없는
저 화사한 얼굴에
향기마저 신비롭다

인연이 그리워지면
그대에게 다가서리다
투명하게 다가오는
무한정의 사랑을 받으려

꽃

내가 어릴 때
집은 작은 화단이었지
그 속에 핀 작은 채송화

늘어난 나이테가
순간 봉숭아로 변해
마음속에 물들어 있었지
피고 지기를 반복하자
인생에 흔들리는 키다리 꽃이 되었고

찰나에 된바람 부는 날
들녘에 숨어든 삶 속
인생의 꽃이 되었습니다.

전문구

나비의 품격

깃 떨어진 날개를 펴고
짧은 다리로 징검다리 건너듯
바람개비 펄럭일 때
순방향으로 바람이
불었으면 좋겠다

초록은 동색이라
바탕색에 어울리고
더듬이 키를 잡고
색을 뽐내는 경쟁은
지웠으면 좋겠다

예쁘지 않은 꽃에
몸을 담지 않으나
가리지 않는 걸 보면
꽃은 모두 예쁘다는 것이지

달맞이꽃

비웃지 마라
그도 이 땅의 주인이니라
언젠가는 일어설 때가 있으리라
살아간다는 것은 실수의 연속이라
시들어가는 나무에 물을 흘리고
바람을 주어 하늘을 고여라
이웃의 말을 싱겁게 넘기지 말고
위로의 소금을 주어라
인생에 짠맛을 알아야
상하지 않는 법도 알고 맛도 낼 수 있느니라
붉은 저녁을 기다리는 것은 치료를 위한
노을로 뜸을 채우려는 것이요
딱딱 딱 울리는 귀는
외과 의사 딱따구리 수술 중이라는 신호
동그란 눈으로 풀숲에 숨은 고라니도
배를 넓히기 위해 기다리는 어스름
검은 기다림이 다가오면
모두가 하나가 되려니.

전문구

라일락 앞에서

그리움 하나 잊고 있었어
내가 얼마나 멋이 없는지
코 묻은 편지에 귀 기울이지 못해
사랑마저 비켜선 눈을
거미줄에 걸쳐놓고
입을 닫고 있었지

너의 향기가 옷으로 가득 차도
난 눈치도 없었지
말없이 사랑하는 법을
담아준 바람을 외면

겨우내 담았던
냄새와 이별을 고하고
편 가르지 않는 너의 기억에
고개를 숙였어

인생에 옹이를 남기고
향기 우표 한 장 남겨둔 건
처음이거든

바람

애타게 기다리는
꽃이랍니다
그대가 오면
춤을 추어요

말없이 기다립니다
다가오면 꽃 깃을 엽니다
그대를 몸으로 받아 숨기려
하지만 생태계가 달라
조심스럽습니다

실수로 뒤를 밟아
밀려납니다
신발을 거꾸로 신은 채
떨어진 꽃잎을 밟고
눈물을 흘리며 그대를 탓합니다
핑계 없는 무덤은 없다면서

전문구

백년가약

반지를 낀다고 행복의 온도가
오르리라 착각하지 마라
하루에도 수백 번은 혀에 화장하고
수십 번의 입술을 더듬어
뛰는 단어를 꿰매야 한다
잠시라도 이와 혀가 마주치면
주머니에 쌓였던 화대가
날지 못하게 지문은 지우리

호적에 잉크가 마르는 순간
씌워졌던 눈은 녹아버리고
굳었던 몸은 춤을 춰야 하지
어둠이 다가오면
남자의 불끈한 자존심은 세우고
물소리 끝나기 전
기차 소리를 낸다면
무료 표는 사라지리라
팔베개에 무게를 느끼면
선녀 옷의 깃이 펄럭이지 않게
두 날개를 빗어 귀여운
마스크를 걸려야 하리

그렇게
배로 힘든 몸이지만
인생은 몇 배의 행복으로 질주하지

전문구

버드나무 처녀

긴 머리 처녀는
가끔 야릇한 행동을 하지
찰랑대는 치마에 앞 트임
때로는 반쯤 터진 치마가 더 매력
보이는 다리에 눈요기만 하다
김질넌 큰 회오리 총각
드디어 일을 냈지
지난밤 발정이 나
휘파람에 성수까지 뿌려대며
한바탕 소란을 떨고 갔지
홀라당 뒤집혀 버린 치마
옆 총각만 신이 났지
밤이기 망정이지 어쩔뻔했어
손톱자국에 상처가 났고
성희롱으로 신고할까 산속으로 사라졌지
흔적을 감췄다고 관상쟁이가 전하더군
가끔은 미니스커트도 입어 주는 것이
성희롱을 막는다고

치마도 이발을 하네.

비탈밭

그땐 그랬지
따스한 겨울을 보내려 민둥산에
그렸던 벗은 나무를 넘기고
미안했던 아버지는
아침이면 빗살무늬 사라진
산을 한없이 바라보고
싸리나무 붓으로 마당에
숲으로 덮인 산을 그려 넣으려
쉼 없이 연습하고 있었지

너희들 산에
옷을 입혀야 할 텐데
숲과 바꾼 따스한 등은
시렁에 내린 하얀 입김 사라지듯
이불속으로 사라졌어

비탈밭이 많아진 것은
숲으로 있어야 할 산이
눈속임으로 숨어든
아쉬움 때문일 거야.

전문구

사랑이 생긴다면

하늘님 정화수로
아랫도리 담가놓고
오관이 몰려 빈 신짝이라도
그대를 보려 꿈속을 헤맵니다
두 손 들어도 닿지 않아
낭떠러지에서 눈을 뜹니다

청정수 한 모금으로
속을 씻어내고
대문 빗장 벗겨놓고
가물대는 잔등이 흔들리며
기다리던 임이 오신다면
껍질 뭉텅이는 거추장스러워
침상 끝에 밀어 버리렵니다

포근포근 뛰며 살이 아려 와
비벼대는 감촉에 눈물이 나고
가슴이 터져버립니다
노랑 부리 깨어질까
솜털로 감싸 안고 뒹굴어
둥지를 키울 것입니다

목련 꽃잎 덮고
무너진 하늘이 내려올 때
그대를 평생 놓아주지 않으렵니다

전문구

아람

간지러운 입
얼마나 참고 참았을까

벌리는 순간
우르르 쏟아지는 노다지

너의 참은 입은
고소한 꿀로 가득하고

인간과 멀어진 입은
시궁창도 비켜선다

어떡해

싫지 않은데
왜 미울까
네가 나를
미워하지 않는 것이 싫어
아무리 떠나려 해도
그 모습이 보여
자꾸 돌아서게 하잖아

찾으려 해도
미운 구석이 보이지 않아
그래서 네가 싫어
내 마음을 속인다는 것이
너무 싫은 거야

나에게
거짓말을 하고
네 앞에서 허대게* 하잖아

* 공연히 바쁘게 왔다 갔다 하다.

전문구

여름은

혼자만의 멋으로 산다지만
섞이지 못하면 그게 무슨 맛이람
금덩이를 예쁘게 전시해 주는 금붕어가 없다면
금맥을 안고 갱 속에 갇혀 사는 거와 같지
이목구비가 원앙의 모가지처럼 특출 나면
물줄기민 띠리기도 고기기 꼬이게 마련
몸뚱이가 스스로 배배 꼬이는 칡넝쿨은
어디에나 붙어 입맛을 다시는 거 알지
걸상에 앉아 뚫어져라 사지 선택을 하면
맨 앞에서 달리거나 간택해야지
화면을 끌고 나와 짭짤한 눈물 맛을 찍고
울퉁불퉁 봉영 근육은 쫄쫄이로 음각을 알리고
콜라병 허리에 아가 얼굴만 한 우유 통을 안고
소리 내기 전 뚜껑에 석가래 다리로 감아야지
그리고 별스러운 것만 빼고
다 보여줘야지
이쁘니까

그래도
별스러운 것은
숨어서 다 보더라
이쁘니까

아무리 생각해도
여름은
절약에 미덕이야
보이는 것이 너무 많아
이쁘니까 괜찮아.

전문구

키스

보이는 게 다는 아니잖아
느낌으로도 알 수 있는 거지
눈과 눈이 닿을 수 없어
입이 닿는 거지

~~눈~~과 ~~눈~~이 닿으면
눈사람이 되어 녹아버리지만
입과 입이 닿으면
달콤한 사탕이 생겨나지

그리고
코의 거리만큼
혀가 따라가야 하는 거야
키스는

하루의 개그(gag)

어두워지면
집이 나를 부른다
어두 컴 컴(come)
그리고 파래진다
녹초

숙수 보다 더 위대한
요리사가 기다린다
안해*

*아내

전문구

할머니

천고에도 없고
만고에도 없다는
할머니는 요술쟁이였지
받침 없는 말을 해도
내 마음을 다 알아버렸어

샛노란 해바라기 꽃처럼
흔들리면서도 넘어지지 않고
굽은 등은 만능 침대보다 편안했지
나는 엄마 자식인데
보기만 하면 내 새끼라며
어리둥절하게 만들었고

숨바꼭질해도
술래잡기해도
지나가면서도 못 찾는지
오리걸음으로 넘어질 듯하면
어느새 다가와 잡아주었지

그린 눈썹의 달맞이꽃
바람이 불어도 넘어지지 않고
주름 가득한 손이 부드러웠던 것은

엄마 손보다 깊었고
미소가 담긴 사랑의 눈길
바라만 봐도 행복했지

왜 할머니는
나를 기다리지 않았어요
따스한 손 잡으며 말하고 싶었는데
사랑한다는 단 한마디도 못 했는데

전문구

휴식

하얀 달밤 성긴 눈
동쪽에 샛별을 담아두고
북쪽에 칠성 곰이 서 있구나
서쪽에서 부는 바람에
남쪽으로 고개 돌리는 달

매끈한 등
시원하게 긁어주는
멍석에 큰 대자를 그리니
온 세상이 내 것일세

누운 마누라의
자분치 흔드는 목소리가 귀엽다
이제 배만 데우면
그만일세

흐름·2

우유에 밀린 운동장
평이 미터법으로 바뀌고
나이테를 늘려가지만
흙은 생장하지 않았지

꽃잎이 목피가 되어
말랑한 색이 내려선 걸까
공간은 그대로인데
몸집만큼 공기가 사라지고
커진 공감만큼이겠지

사춘기에 밀리고
무심이 흘러들고
둥글어진 황혼기에
더께가 쌓인 걸까

흘러가는 것은
세월과 구름만이 아닌
돌아가는 초침의 착각 속에
작은 찰나에 지나지 않은
동그란 그리움을
밀어내는 것이겠지

전문구

흔적

그대가 품었던 자리에
아름다운 꽃이 피고
머물던 자리는
열매가 맺힙니다

비와 바람과 햇볕이 다녀가도
흔적은 있으나 보이지 않을 뿐
사라진 것은 아닙니다

그대는 떠났으나
품어주었던 곳에서
아름다운 흔적이
예쁘게 돋아납니다

인생에
무의미한 삶은 없습니다

늦가을

가을의 수은주
잔솔가지에 부딪혀
가슴 찌르는 바늘
아프다 소리친다

오늘은
이곳에서 노숙해야겠다
바늘 침대에 누워
몸 온도를 낮추고
하얀 섬을 만들어
내일은 찬 서리로
앙갚음해야지

전문구

2부. 기차역

어디서 터질지 모르는
각진 김밥의 무게를 달고
찰그닥 거리며 다양한
김밥을 나르고 있지

그런데 어디선가는
꼭 옆구리가 터지고 말거든

　　　　　　기차역 중-

개똥참외

무심코 떨어진 외로움이
봉당 끝 인절미 코에 박혔다
씨알로 영글지 못해
혀를 타던 단맛에 밀려
인절미의 고된 숙성을 지나
일찍 식품으로 빈숙되어
밭 뒤꿈치에 외면당했지
세차게 내린 소낙비에 숨어
새봄을 슬프게 열고
잡초 그늘에 숨어
슬프게 울음 짓던 그 자리
노랑나비 꽃에 앉아
동그마니 그립니다

엄마의 호미 손에 풍겨
향기 그득 담았으니
살포시 오시어
맛 한번 나눠 봐요
어머니 가슴은 꿈이지만
아내의 꼭지 맛은 기억합니다.

그랬구나

입 없이 살아간다면
먹이를 구하기 위해
시비의 말을 뱉지 않아
허송세월하지 않았을 텐데

인생을
너 때문에
다 날려 보낼 줄이야.

*2025 경주시화전

전문구

그런적 있지

상상한 적 있지
나는 왜 금수저로
태어나지 못했는지
둥그런 능을 보며
아닌 것에 환희를 느꼈지

저 무덤을 봐
아무리 승자의 기록이라도
낮에도 큰 무게를 느끼며
숨을 가리며 살았을 텐데
밤에는 작은 산에 눌려
숨을 쉬지 못하고 있으니

눌리고 힘든 흔적이
봉분의 높이를 말하는지
누가 알겠는가

기차역

분리수거가 필요 없는
목적을 숨긴 잡동사니
다양한 세상을 모아 놓았지

쏟아져 나오는 썰물이
한바탕 투정을 부리면
조근조근 밀려드는 밀물
어느새 넘어진 사다리 위로
사각 김밥 기다리는
내용물들로 가득 차지

어디서 터질지 모르는
각진 김밥의 무게를 달고
찰그닥 거리며 다양한
김밥을 나르고 있지

그런데 어디선가는
꼭 옆구리가 터지고 말거든

전문구

길

주정 손님이
수백 개의 꼬불거리는
골목을 던져놓고 갔다
셀 수 없는 모사꾼들의 말
좌우 없이 흔들리며
꼬리를 감춘다

개미허리 같은 모퉁이
간이 콩알만큼 작아지는
마음을 접고 후진한다
금요일 저녁 명동 길
짜증 섞인 빵빵거림
읽을 수 없는 손님들의 표정
장거리 손님 기다리는 선택은
여지없이 무너지는 옹알이
목적지는 걸음보다 느린 길
신호등이 새파랗게 질린다

빨간 신호에 빨리 가란 착각
앞차의 빨갛게 굽어진 눈치
버스 전용 차선의 유혹
옹알이의 욕을 먹어도
덩치를 부풀리고 싶다
그 옛날 지름길이
아직도 숨을 쉬고 있을까

2025년 현대시선 가을호

전문구

동네 찻집

구석 댕이를 찾은 것은
중심에서 밀려난 나이테가
그늘 속으로 들어온 거지
시커먼 선팅 속에 무엇이 들어있는지
궁금증을 자아냈어
화장발로 변장한 밤
침침한 알전구 속에 감춰진 방
아무도 본 적 없는 생얼의 호기심
하얀 바탕에 노란 글씨 인삼 찻집
시기 바람에 네모가 떨어져 나가도
인사 찻집으로 변했지
동리의 추레한 옷을 입고
들락거리는 것은 아마도
집이 가까워서일 거야
주변 상가의 배고픈 늑대들이
눈치 보며 들어가는 비틀린 문은
마누라의 악쓰는 소리로 들렸겠지

밤이면 붉은 네온이
맥주에 색을 입히고
유리잔에 갇힌
세상살이의 한이 보글거리며
신세타령의 거품이 흐르고
무릎 나온 운동복 속
남정네는 녹아내리지.

전문구

나

그 많은 꼬리 중에
내가 태어났으니
얼마나 중하지 아니할까

꼬리가 떨어지는 날
만물이 영장으로 긴댁되어
경쟁에 살아남는 법을 알게 되었지
잉태되던 날 엔도르핀은 인생의 최고였어
그러니 왜 즐겁지 아니할까

그때의 느낌으로 돌아가고픈
하루하루는 연습이지
모든 관객이 만족하는 연극을 위해
인격을 완성해 가는 거

또 다른
나를 위해
내 심장은 떨리고 있다

멍

참았다 내리는 비는
둥그런 우산이 가려주지만
살며시 내리는 그리움은
누가 가려 주나요

눈치 없는 햇볕은
구름이 가려주지만
눈치 보는 그대는
누가 용기를 주나요

내리는 비는
촉촉이 젖어 가는데
그대 마음은 왜
나의 가슴을 물들이지 않나요

내 분홍 가슴은
갓 깨고 나온 새 가슴인데

전문구

바다

우물 안에 개구리란 것을
두 손가락 사이로 보이는
잔주름을 보고 뻥 뚫리는 가슴이 알았고
아기 숨소리의 잔잔한 수평선에
새댁과 오래된 어머니 마음이 부딪쳐
서로 기댄 채 부내씨는 속을 다녹이며 산다지요

품속에 핀 초록 습성을 닮아
흔들리지만 넘치지 않는 계영배
안전선 안인 줄 알았던 곳에는
그물과 뾰족한 갈고리가 순탄치 않다는
경험해야 할 세상의 경고였고
출렁이는 파도는 애비의 주정
머릿속 코를 맵게 뒤틀었지만
이끼 낀 눈으로 외면해 버렸지요
애비가 바람 드는 날은
태풍의 눈으로 다스려
빈틈없이 내린 흔적을 지워버렸고

어머니의 풍족한 양수로 살아가는
마음 깊은 세계가 광의의 수족관을 만들고
최고의 산보다도 높은 속
선한 그대에게 변하지 않는 마음은
기약 없는 사랑으로 깊은 속을 우려내
아낌없이 주고만 싶었지요
알 수 없는 깊은 바다는
위대한 어머니를 닮은 넓은 가슴

전문구

뱃살

눈에서
몸피가 보이기 시작한 것은
그리 오래되지 않았지
언젠가부터 꼭꼭 씹어도
자꾸 살아나는 허리
해산 달이 가까워실 때부터
쓸데없는 무게를 달고 다니니
에너지가 더 소모될 텐데
사그라들 기미는 없어

그릇이 작아질 때
아쉬움이 커지고
비싼 광고 비키니도
다가온 가슴이 예뻐도
말초신경은 사라졌지
평범해 보이는 몸피가
날씬한 얼굴보다
더 예뻐 보이는 것은

부부 싸움

비명을 지르고
입을 크게 벌리며
소리치는 부부
아이가 귀를 잠근다

아이에게 묻는다
별일 아니라는 듯
괜찮아요
밤에도 똑같아요.

전문구

비혼 예술가의 거짓

정작
피를 섞은 작품은
잉태도 못하면서
따라오는 립싱크
피와 혼을 담았다는 변명

감정이 없는
피동적인 피노키오 보다
사랑이 섞인
피그말리온에 감동

사라진 것

자주 보이던 것이 사라진 것은 슬픈 일
거리의 얼굴에 살짝 숨었다 벌어지는 윙크
누구에게 보내는 것인지 보는 사람이 임자
눈썹달이 사라진 것은
아마도 성희롱 때문일 거야

네온이 반짝거리던 간판도
사라진 이유가 그 때문일 거야
깜빡깜빡하는 주눅 든 버릇이
세상과 연결될까 봐 걱정인 거지

윙크로 깜빡했던 친구가
법정에서 보이는 것은
아마도 같은 의미일 거야
돌아서 거울에 비치는 눈에도 놀라는
착각하는 무서운 세상이 된 거야
그래서 나이 든 사람들 속으로
보이지 않게 깜빡 숨어든 거지

전문구

삶

늘어진 스웨터에
올 나간 몸이
파김치가 되어 알콜과 사귀던 날
흔들리는 배에 오르는 발걸음으로
욕망만 바라보며 살다 보니
늘어난 가족이 보입니다

막노동의 어깨 눌림에도
힘이 솟아나고
달리면 쏜살같이 오르는
미터기 숫자에 기쁨
덜컹거리는 소리가
짐 싣는 무게에 작아지고
좌판의 부모님은
머리 숫자에 힘이 나고
멀어지는 하늘 속
가족만 보며 달렸지

어느새
계곡 주름이 늘어도
남은 건
타투로 새겨진 가족만 있더라

소문

앞이 보이지 않을 때
뒤태를 보아요
나에게 보이지 않는
등이 가려워 올 때
살며시 등을 긁어줄
언덕이 있는지
등을 대보면 알아요

귀가 가려워
자석을 디밀면
딸려오는 귀지가
하얀지 검은지
막힘을 뚫어야 하는지
보이지 않는 가루만 무성해
담아 보면 알아요
구부정하게 살았는지
깨끗하게 살았는지.

전문구

신

강아지가
물고 놀던
봉당 끝에 고무신
문수를 잰
전시회가 열렸지만
빌이 편하지 않은 선
신축성 사라진 마음

가죽이 되었든
검은 머리가 되었든
지탱하는 뿌리는 하나

편한 발은
오글거리는 마음과 함께

여보세요

응 알면서 뭘
그렇다
누가 전화했는지 다 알고 있지
그럼 뭐라고 해야 해
어 그래 인마
안녕하십니까 사장님
예의 없게 먼저 들이대
이것도 사생활 침햇지

달라져 가는 세상
빠르게 달려가지 못하는 몸
느린 몸은 천천히 달라지면 안 되나

가랑이가 찢어진 지는 오래
혈압이 오르고
관절이 삐거덕대고
당이 하도 말썽을 부려
까딱없는 여의 나루로 흘려보낼까
아무리 해도 맘대로 안 돼

여보세요
여론조사인가요.

전문구

의자

콜라병 허리가 눅눅해
굽어진 비명을 지를 때
심근성 다리와 꼬리가
돌아선 엉덩이를 안아
비로소 삶이 부드러워지고
등을 기대 인징을 찾는나

허리가 잘리며 뒤집힐 때
하늘에 그늘도 넘어지고 있었지
뭉텅이로 잘려나간 날개
어귀의 국밥집에 화력을 심고
바람이 누웠던 원근 목은
콜라겐을 두른 채 쪽집으로 분가
가는 실밥 꾸러미에 실려
대팻밥을 입히고
목수의 끌이 파고들어
생장을 끊긴 나무는
부활하지만 자궁 잃은 인생
가두었던 산에 힘을 얻는
세기를 견딘 영원한 삶에
경의를 표한다.

착각

그놈의 지갑에
두툼한 이쁨이 들어있었지
황금색에 멋도 모르고 들이댔어
지갑의 깊이는 생각이 없었지
눈에 보이는 것에 현혹된 광고
정말 그런 줄 알았어
통통하니 보기 좋았고
볼록한 지갑의 엉덩이가 매력이었지
카드가 아닌 누런 돈을 들이밀고
당당하게 내미는 손도 같은 색이었어

그 지갑에는 신용불량자라는 말이 없었거든
그냥 망했지

전문구

3부. 내 마음

잠을 자는 건
너 이외에는
아무도 보기 싫어서

그리고 꿈을 꾸는 건
너에게 가고 싶은
마음을 잊지 않기 위해

내 마음 중-

같은 산

아직은 아궁이가 그리운 온도
엄마는 아가를 재워놓고
망태기 둘러메고 새벽을 깨운다

어제도
빈 젖을 물고 잠든 모습에
그렁한 눈물을 훔치며
나물을 찾으러 산으로 간다

어미의 배고픔 보다
아가의 배를 불려주기 위한
채움이 욕심일까

힘없는 아가는
눈을 뜨지만 울음소리도 없습니다

바라보는 누나의
꺼풀 내려앉은 눈이
엄마를 기다리는 것은
누구의 배를 채우고 싶은 걸까

그렇게
지나온 세월의 엄마는
산에서 영원히 주무시고
자식들은 배가 불러
등산복에 배낭을 메고 산으로 간다

엄마와 자식이
같은 산을 만난다
지난 세월 속에는
무엇이 들어 있을까

전문구

곁불

말 많은 양반은
흘린 불을 쬐지 않는다
그래서 대단한 줄 알았지

하지만
마늘이 곁불을 쬐면
아릿함이 사라지는 것

포기한 양반 보다
견뎌낸 것이 더 값지다는 것을

내 마음

바라보다 얼굴을 돌린 건
눈 속으로 사라져
보이지 않을까 봐

바람을 등지게 한 건
너의 향기가 내게로
다가올 수 있게

사랑이란 단어를 저축한 건
말보다 행동으로
보여주려

잠을 자는 건
너 이외에는
아무도 보기 싫어서

그리고 꿈을 꾸는 건
너에게 가고 싶은
마음을 잊지 않기 위해

전문구

방치

아이 눈에는
쌍꺼풀이 없다
허풍이 쌓이고
높이가 머리를 넘길 때
그대의 주둥이는
흄가지에 놀고 있었지

조각가의 예술에
현상되어 나온
굳어진 혀는
찢어 버릴 수 있지만
오실奧室에 숨긴
보이지 않는 담은
만담으로 없앨 수 있을까

빨랫줄

걸리기만 해 봐
그냥 놔주나

햇볕만 기다리는 이유

촉촉한
아씨 가슴이 걸리고
헐렁한 남의 편에 구멍 난 팬티
엄마 절약의 늘어진 고무줄 속 옷
배냇저고리 아가의 예쁜 냄새
얼굴 붉은 티 팬티
삶에 중력을 빨아들여
언제나 발기하여 팽팽하게 선다

하지만
난 응큼하지 않아
꺼진 밤을 싫어해
살며시 방사하고
모두를 놓아주지.

전문구

사기꾼

어깨 넓은 차에 기대
사막의 흑진주라는 문서를
알아보기도 전에 감춘
불붙은 동그라미는 셀 수도 없었다
아직은 물 없는 소방차로 껐다는 불
싸라기가 광땡이라고 우겨
욱여넣은 밑천은
몇백 배가 어른거린다며
비디오를 상영한다
찌지 직 필름이 건너뛰고
미성년자 관람 불가라며
살짝 얼굴을 가린다

찬란한 불꽃놀이의 날에
구름 고객이 모인다는 청첩장
은행장의 굽실대는 그림은
투명거울로 보이고
비비는 손바닥 사이에
긴장의 땀이 질척인다

불꽃놀이 화약이 젖었다며
미루는 날짜에 비가 내려
모두 삭아버렸다는 설
날짜는 돌고 돌아도
사연 없는 날은 없다
은행 금고 아래 선 채
돈 떨어질 날만 기다리고 있다
노란 가을 은행은
바닥을 굴러다니며
묘한 냄새만 풍기고 있다

전문구

산

그곳으로 가야겠어
바랜 등산복 걸치고
스틱에 텐트를 걸고
다리 힘 떨어지기 전에
봉우리에 올라 악을 쓰며
능선과 사랑해도 괜찮을 거야
이 풍진 세상 타령에
잠긴 목 우걱우걱 씹어대며
물 주둥이에 휘둘려도

새봄에 나물 꼭지 오르면
세어버린 산채비빔밥 나눠가며
전철도 거부하는 곳 찾아
자장가 된 아내 잔소리 사라진
후들거리는 산으로 가야겠어
벌어진 입에 틀어진 말이 새도
어지러운 세상 보듬어 가며
다리 힘을 올려볼 테야
완경기 아내 아이 들어설 일 없을 테고
자식 앞에 기는 연습 감추려
산으로 가야겠어.

산사

가사 장삼에 스며든 달빛
풍경소리마저 잠이 들고
중생의 벗이 들어선 숲
믿음을 주는 심지가 깊다

입 다문 커다란 바위솔
묵언 수행에 들어서니
흐르는 물도 염불 소리
다문 입 깊어지는 속세는
중생들의 가르침이리라

툭툭 떨어지는 낙엽도
소리 없이 승무를 추는구려

전문구

상상

아질아질 날리는 치마가
눈은 울렁울렁 감기고
혹시라도 훌러덩 바람이
불어주길 기대하는 것은
더 짧아지길 기대하는 거지

치마 속에 숨은 조가비 하나가
하얀 포말을 이루며 사라져 가는 것을
샛눈 뜨고 상상하고 있기 때문이지

무엇이 들어있는지
뻔히 알면서 궁금한 거야
별것 아닌 걸 알면서
남의 집 금고가 궁금하듯이
남자는 모두
변태 심리가 숨어 있거든.

새끼

부부는 언제나
꼬임이 있지
외로 꼬임은
금줄에 달린
숯이 된 솔과 고추
가려운 욕이 나와도
자식이란 말로
돌아서 감아버리면 그만
개소리만 아니면 돼요

아버지가 꼬임에 빠져
투전판에 새끼를 보내도
묶음으로 달기 전은
지푸라기일 뿐

썩기 전에 힘을 써야지요

전문구

숲

그곳에는 낭만이 산다
어머님의 쌈지길이 이어지고
아버지를 닮은 굽은 고목과
하늘에는 팽팽한 수틀을 걸고
둥근 붓이 삶의 소리를 내고 있다

세기를 담금질한 벼루 편을 덮은
낙엽이 진화하며 쌓인 그곳에
하프를 뜯는 둥그런 소리가 난다

발끝을 잡아끄는
그물맥 상형문자는
몽당붓이 지나간 자리
단 내 나는 한지에 새겨져
계절을 삭히고 있다

펄럭이는 책장 소리에
산새도 객석에 앉아 춤추고
꽁지 털로 박자를 비비고 있다

겨울잠 자는 꼬리에
따뜻한 구들장이 되려
무지개 길 온기를 담는다

아버지 마음

구석진 병실에
앵무새 문안하는 흔적
속으로 흥정한다

통장 논과 밭
두툼하게 살진 과수원
내키지 않는 마음을
어떻게 하겠나

이빨 빠진 톱이 날을 세운다

퇴원하려는 통장이
빵빵한 배를 불쑥 내민다
주름진 눈에
나팔꽃 제품이 불쑥 들이민다

마약이라도 먹고 퇴원해야지
멸치처럼 빼빼 말려 버려야 해

병원 밥을 푹 떠
입속으로 욱여넣는다

전문구

안하무인

나이테를 들고 오려
얼마의 골마지가 쌓였을까
내릴 듯하던 행운은
나그네가 되어 비만 내리고
홀로 가지 않음에
다리기 뭉개지고
흔적이 사라질 즘
해바라기 하던
그림자가 빛을 낸다

네가 내가 되어 보고
내가 네가 되어 봐야
간이 바뀐 줄 알지
눈치 주워 먹은
눈알은 삭지 않았지만
양심을 삭이고 있겠지

여름비

여물지 않은 오줌싸개였지
비 오는 여름날이 그리워지는 건
구멍 난 지붕을 핑계로 벌거벗은 채
대자로 널브러져 있어도
바지랑대에 자존심을 숨기고
마당 가득 지도를 감출 수 있었지
동네방네 소문날 일도 없잖아
키를 쓰고 이웃집에 소금 얻으러 갈 일도 없고

여우 같은 아랫집 순이가 놀려대면
정말로 창피했거든
좋아하는 숙이가 오줌싸개라고
쳐다보지도 않을까 봐
그런 날은 바둑이만 발로 차이고
벌게진 얼굴에 놀지도 못하고
빙빙 눈치만 보고 있었지

주룩주룩 고이는 자존심
비 맞고 놀 수 없어
봉당에 가지런히 앉아
소꿉장난에 신이 났었지.

전문구

엄마

엽록소 사라진 팔십이라 해도
미워지지 않은데 어떡해요
엉덩이도 무른 호박이라지만
생겼다가 넘어간 구석이에요
호박 주름이 가득해 하얀 분을 바르고
기슴통은 사사태로 주르륵 흘러내리고
펴야 할 곳은 굽어진 굴뚝 항아리
머리는 볶아진 라면에 수프가 듬성듬성
얇은 포대를 걸친 사리마다
살이 많으면 힘들게 해 부은 것
말라비틀어지면 자식이 빼앗아 버린 살
커피믹스가 맛있다고 다시는 입맛
멀리 보이는 실루엣만 보아도 우리 엄마
우리 엄만데 동물도 엄마가 나타나면 시시덕
대문도 우리가 열면 삐이딱 엄마가 열면 발그레
엄마 젖은 두 갠데 아이들은 다섯
모두 제 것이라 착각하지
뚫어지게 봐도 예쁘게 마모된 요술 거울은 없는데
돌아보면 너무도 사랑스러워요

하늘에 귀를 박고 들으면 그런 소리가 들려요
가난한 식탁으로 마음이 아팠고
힘 빠진 황소걸음으로 걸었고
울퉁불퉁 살아온 모습이 허리춤에 숨었고
가늘어진 가슴을 두 꼭지에 달고

엄마는 녹이 슨 보석이래요
닦으려 해도 늦었대요
침침해진 흔적으로
엄마를 지우려는 모습에
당신이 좋아했던
커피 향기가 나요

전문구

외톨이

말끔하게 차려입은 식탁이
냉장고 문을 열고
서너 개의 투명 그릇을 전시하고
빈 의자로 편을 갈라요
기다림에 늘어진 풋고추
이께 걸친 된장 맛에
아삭 소리에도 놀라지요
누군가가 옆에 있는 듯
하지만 초점 없는 눈에
투명한 그림 의자

왼쪽은 큰아들
가운데는 큰딸
앞쪽은 작은아들
오른쪽은 작은딸
그리 생각하고 넘기는 물 밥
무의식에 덩그러니 다가오는 사진
아비는 한 끼를 감춥니다

금수저에 한우인들 맛이 나랴
마주친 그림자 없는 의자에
말하는 친구 로봇이라도 있다면

홀로라는 것은
쓸쓸함보다 더 무서운 공포

전문구

운동

고개를 쳐들고
병아리 물을 삼킨다
몇 개의 씁쓸한 알갱이
목젖을 넓히고
바람 빠진 식도는
인생의 희로애락
잠시의 환각은
억지웃음을 선사하는
현재

움직임에
흘리는 땀
그물이 걸러내는 소금
미래를 위한 투자

삶이 아름답게 다가오는 것은
약을 삼키는 것이 아니라
아랫배로 미래를 뱉어내는 날숨

유리 지붕

그곳에서
드론이 하늘을 지키면
땅을 지키는 초병이 되고 싶다

투박한 된소리는
하늘로 보내고
주머니 사라진 옷을 입고
투명 지갑을 털고
하늘에 부끄럼 없이
가볍게 살고 싶다
누워서 보는 풍경화
파란 도화지의 하얀 크레파스
검은 도화지에 판화 된 별
얼굴 내미는 조각달이
말 없는 친구가 되고
세상의 웃음거리가 되더라도
벌거벗은 임금님이 되어
훈민정음 국민에게
웃음을 선사하고 싶다.

전문구

인구

옛날엔 그랬지
땅덩이는 같아도
금줄 수는 늘었어
방의 숫자가 적어도
머릿수가 방안 가득했었지

작금은
높은 침대 수는 늘어도
배냇저고리 수는 줄어들지

섹시미를 자랑하던
시원한 치마를 가리고
언제나 풀썩 앉을 수 있는
바지통을 사랑하는
나 홀로 족이 늘어났다는 거야
양성의 갈림이 개성 강한
이기주의를 넘지 못하는 거지

친구는

씨앗을 보고
알 수 없잖아요
젖니가 빠지고
발기를 하고
잎에 혓바늘이 돋아도
필 때까지 기다리며
고목처럼 인내하다
방앗간을 알려주는 것이
진정한 가슴이에요
그래서 눈만 보아도
알 수 있는 거잖아요

전문구

4부. 겨울에는

굴림이 없어 덜컹대는 바퀴가
미끄럼을 타며 폭신한 오목렌즈를 만들죠
언 녹두 나무에 숙주가 났다고
변심이라 말하지 않아요

겨울에는 중-

가을볕

두터운 창이 막아서도
그대는 직립 보행입니다
창문을 두드리는
인절미는 보이지 않고
나뭇가지를 돌려 손짓한다
바람이 들지 않아 가슴에 안긴
아가의 눈썹이 조용히 숨는다

그루터기만 남은 밭에
성형하는 트랙터는
상형 문자를 새기고
지각한 잡초는
회초리를 들고
파랗게 질려있다
새벽에 맞은 서리
볕을 받아 붓기 사라진 얼굴은
사철나무 곁에 물길을 받는다

겨울 시기

벌거벗은 가시내
줄듯 말 듯
속내를 드러내지 않고
싸늘한 아픔을 주고도
지친 기색 없이 옆으로 돈다

밀려나는 아픔을 아는지
하얗게 누웠던 자리에
아지랑이 피어나는 건
무너지고 눌렸던 자리
아물어 올 때 열꽃이 핀다

뼈만 남긴 알몸뚱이
가시 돋친 마음도
초록별에 누그리고
혀짤배기 아양을 떤다

갈 거라면
미리 주고 가던지

신공 2025 詩작품집 〈이곳의 모서리는 둥글다〉

전문구

겨울에는

누웠던 하늘이 움츠리면
빨간 혓바닥이 숨을 골아요
끝은 언제나 까만 밤이죠
무색 산타가 굴뚝을 타고
아궁이로 떨어지면 빨간색을 입어요
기분 좋은 날은 하얗게 들판을 적시죠

넝마에 끌려온 가려운 삭정이가
오돌거리며 타닥타닥 부르트면
물을 삼키며 수증기를 뿜어내죠
할머니가 잿불에 구워낸 냄새가
방안 가득하면 참새가 날개를 접고
쫄아든 뚝배기 화로에
걸음마저 보글보글 뒷걸음으로

굴림이 없어 덜컹대는 바퀴가
미끄럼을 타며 폭신한 오목렌즈를 만들죠
언 녹두 나무에 숙주가 났다고
변심이라 말하지 않아요

결실

가을에는 맺을 수 있을까
꽃이 핀다는 것은 초경을 지났다는 표시
삶이 무게를 더할 때 비옷을 입지
청바지의 꼭 끼움에 맘 편하게 허리를 묶고
너부데데한 그늘 속을 헤매다
아이 고추가 물건이 되어갈 때
처녀장가가려고
엉큼한 손을 기다리지
꼭지 하나 잡고 생긴 근육에 티눈이 생기고
불퉁한 누렁 호박이라 놀려대지만
매달린 철봉의 흔들림은 눈길을 사로잡고
팽팽한 나이테를 숨긴 총각
물렁거림으로 녹여버린 사랑
고랑과 마주친 눈빛은 짝사랑 흔적
말라가는 잎에 조각구름 얹고
가마 타고 시집가려는 가을
속곳 벗어버린 동동주 처녀는
낭군님 마시는 사발에
몸을 섞고 만다.

전문구

고행 흔적

보잘것없는
싹이 돋아나고
아직 감춰둔 거름을
빨아들이기 시작하면
보이지 않는 어려움에
동정이 흘러들어
서서히 감동을 먹어요

생이 겹쳐 보이는 날이
시작되고 익숙해지는 날
그런 날이 다가오면 비로소
입가에 미소가 사라지지 않아요

성공 뒤에는
꼭
보이지 않던 공명이
고된 거름 속에 보이니까요

곡우

산이 버짐을 먹는다
하얀 살결이 고와
듬성듬성 간격을 좁히려다
파랗게 멍이 든다
푸른 하늘을 끌고
하얀 버짐을 당겨
구름을 만든다

마음속 구름 하나가
눈으로 내려올 때
옅은 산을 덮는다
붉은 진달래
볼 터치하고
거울을 본다

댕기 머리 봄 처녀

전문구

곰삭는 이유

근시안과 원시안은
음지 곰과 양지 곰

뚱뚱한 배로 엉금엉금 기어든
겨울잠에 미련한 곰일 수도 있지만
뚱뚱한 배를 깔고 마늘을 삼켰지
몸에 좋다는 것은 알고 인간이 됐으니
아주 현명한 곰일 수 있지

음지 곰과 양지 곰의 발바닥
음지 곰은 부지런을 떨고
양지 곰은 그루밍으로
발바닥을 넓히며 마늘 냄새를 참고 있는 걸까
보이는 것만 보고
생각 없이 사는 걸까

인간도 마찬가지
음지에서 보는 양지의 녹은 눈
양지에서 음지를 보는 녹지 않은 눈
머리를 내미는 것은 음지의 곰
세상의 어려움을 극복하는 것은
하늘과 땅 차이라는 거지

공통어

으~~ 앙
태어나며 하는 말
아기의 언어는
만국 공통어

하지만
심술궂은 어른들의
편 가르기로
뱃속에서 우러나는
공통어는 사라집니다

전문구

그런 거야

어느 무더운 여름이었어
뚝뚝 떨어지는 건
비가 아닌 땀이었지
잔주름에 실개천이 흐르고
하얀 잠방이에 가슴선이 드러날 즈음
밤꽃 냄새 그윽한
과부 집 그늘에 앉아
향기를 더듬으며
탁배기 사발에 입을 담그고
짠지 한 조각 오물거리는데
세상의 하늘은 깊어만 가고 있었지
흥타령이 신세타령이 될 즘
갑자기 치마가 그리운 거야
집으로 냅다 달렸지
하지만 빈 지게 지고 있는 마누라에
인절미가 바라보고 있는 거야
어찌할 바를 모르고
작대기만 바치고 있었지

마누라의
한마디

수그리라

그렇게 인생은
쪼그리고 사는 게야

전문구

나의 봄

겨울에는
봄은 푹푹 찌는 여름인 줄 알았지
아무것도 모르는
봄을 맞이하기 위해
식히며 언 땅이 되지 까지
하얀 눈으로 세상을 덮고
채색되어 숙성되는 물감을 풀고
색을 입혀가며 촉촉하게
혀로 감칠맛을 보며
막 오르기 기대하는 줄 몰랐지

오므린 손을 호호 불며
오르는 안개에
나도 모르게 바람이 나고
기지개 켜는 나무에
물바람이 아지랑이를 넘어
사철나무의 허리를 흔들었지

알몸이 부끄러워 눈 감은 밤에
무슨 일이 일어났는지 모르고
감추고 있는 눈이 살짝 꺼풀을 밀었지

그리고
댕기 머리 올리려
미소 꽃을 피워 향기를 널리 피웠어
달려드는 벌 나비는 봄을 전하는 우표였지

전문구

그리움

도랑물 속 가재가 보고픈 건
배고픔을 이기려는 것이 아니지
투명한 오선지에 그려진
엉금엉금 기어가는
맑은 소리를 듣고 싶은 거야

동네

전에는 그랬어

아낙의 젖 삭은 냄새에
포대기에 업힌 아가는
등에서 칭얼대고
얼라 변 치우는
황구가 따르고
요강이 놓인 우물에
사발이 필요한 밀주를 저어
생신과 제사에 동네잔치를 열었지

요즘은

아가의 울음소리
질척한 마을 길도
정다운 지름길도
고무신의 나그네도
개골창에 난 미나리도
참새 잠자는 초가집도
포슬포슬 오르는 연기도
볼 수가 없어

그 정다운 것들을

전문구

닮은 꼴

우리 집은 옆집과 너무도 닮았다
그런데 정반대로 닮았다

우리 집에도 닮은 꼴이 있다
나이 많은 놈 나이 적은 놈
하나는 기찮게 시키는 놈
하나는 심부름시켜도 말 안 듣는 놈
큰 놈은 집에 없으면 편안한 놈
작은놈은 집에 없으면 불안 한 놈
큰 놈은 가끔 버리고 싶은 놈
작은놈은 절대 버리고 싶지 않은 놈
큰 놈은 주야로 힘들게 하는 놈
작은놈은 낮에만 힘들게 하는 놈
그래도 큰 놈은 도움이 되는 놈
작은놈은 기분 내는 놈
큰 놈은 별로 이쁘지 않은 놈
작은놈은 너무너무 이쁜 놈
갈수록 마음과 몸이 풍해지는 놈
갈수록 멋있게 변하는 놈
큰 놈이 돈을 쓰면 아깝고
작은놈이 돈을 쓰면 당연한 것

큰 놈은 티브이 화면에 푹 빠진 놈
작은놈은 컴퓨터 화면에 푹 빠진 놈
큰 놈이 먹는 것은 아까운데
작은놈 먹는 것은 아무리 주어도 아깝지 않아
큰 놈 반찬은 대충 해도
작은놈 반찬은 정성을 다하지

답은 있다
아내와 자리를 바꿔보자
내가 아내고 아내가 나일 때
그 속에 답이 있다

전문구

바늘

보이는 것이 다가 아님은
뾰족한 마음과 다름이리라
흑백을 가르지 않고
편애하지 못하는 성격
대문 사라진 귀
미세하지만 항상 염려있지

고리에 걸린 소식은 꼭 전해주고
빈 고리로 수그리는 얼굴에
따끔한 침으로 충고
몽롱한 정신은 빨갛게 그려 내지

지나간 발자국은 화합의 자리
삐져나온 마음은 사라지고
매듭을 남겨둔 것은
변하지 말라는 충고
다만 젊음을 편해하는 미움
급한 성격에는 종일 윙크해도
열리지 않는 자물쇠
귓밥 가득한 귀와 긴 꼬리를 싫어하는
따스함을 이어주는 중매쟁이

모르리

나는 사계절
침을 흘리지 않았다
쏟아낼 뿐
구들장 지고 들어서지 않는 한
수도처럼 굽어지지도 않았어
다만 내 몸에 겨울이 와
얼지 않을 만큼
똑똑 똑 흘리는 것은
눈물을 보이기 싫어
아래로 흘릴 뿐이야
자식들은 모르지
야위어 가는 나이테만 바라볼 뿐
한겨울 수도꼭지를
헐겁게 잠가놓아야 하는 이유를.

2025 현대시선 가을호

전문구

보글보글

눈뜨면 들리는 소리
뱃속의 아침
엄마가 주방에서
요리하는 소리
식탁에서 입을 놀리고
모두 일어선 빈 그릇이 모인
자싯물* 속에서도 소리가 나요

뒷간에서도
비누와 칫솔이 만나고
코로 들리는 향기
커피 속에서도 같은 소리가 들리네요
둘러앉은 과일즙에서도
씹는 향기를 품어요

우리 집은 온종일
무슨 소리가 들려요
행복한 소리가

* 개숫물

봄날이고 싶다

널뛰던 영이
썰매 타던 삼이
바람 잡던 용이
언제나 코를 번뜩이던 환이
많고 적음에 바닥을 핥아도
이빨 사이 낄 음식만 있으면 행복했지

아인 리호 리한
부모의 손질에 익어가는 얼굴
재채기만 해도 병원 문턱을 감싸고
빗물이 스며들까 비닐을 감지
놀잇감 방 안 가득 쌓여도
아쉬움이 눈치를 보지

하늘과 땅은 변하지 않아도
심장은 늘어지는 것
대화는 많아도 어림없는 억지
자연과 함께 살고 싶다
시간은 많아도 쓸 시간이 줄어드니

전문구

보릿고개

가난이 엉덩이를 밀고 올 때
할배는 조팝나무 한 아름 안고
밀린 장사葬事에 어머님이 보낸 거라며
함박웃음에 향기를 다듬어
대문을 들어서고 있었다
어세끼지만 해도 웃음 사라진
밭을 더듬고 다녔는데
무엇이 저렇게 행복한 웃음으로
자리 잡고 있을까
마루에 앉은 도토리들은
거른 끼니에 고개를 숙이고
할머니 머리에 꽃이
아이고 저 양반
곤충채집 하러 간다더니
곡물 채집하고 왔네

멀뚱한 눈들이 갑자기 쏠린다
아버지의 지게에 얹힌 자루가
부엌을 넘어설 때까지 따라간다
아이들 배는 이미 불러오고 있다

기다리는 시간이 풀어진 얼굴
부엌에서 들리는 달그락 소리로
작곡을 하고 있다
내일은 칫간에 갈 수 있겠다.

전문구

서리

힘들지 않은 삶은 없다
맺어진 곳에 결실은
참아낸 자의 매듭
손가락이 곱아 숨을 불 때
바람이 들어 티를 골라내고
파르라니 둥근 두덕이
하늘로 복귀할 때
참았던 눈물이 가늘게 서린다

응어리진 마음을 땅속에 묻고
연두 떡잎을 밀어내며
아기 젖줄에 태를 띄우고
속아진 무녀리에 맺힌 한

고운 봉오리는 벌과 나비의 카페
반갑다는 흔들림에도 삐침 없이
수정의 날갯짓 애무에 오므림은
인생의 참맛을 알게 했지

흔들리지만 꺾이지 않고
폭우 속 쓸리지 않으려
고무줄 팬티의 탄력을 딛고
참았던 한과 환희의 순간에
든 자리는 몰라도 난 자리가 서러워
서린 하얀 눈썹

전문구

봄소식

들숨을 참다
바람을 물고 왔다
가슴이 타오르다 꽃이
피어난 것이지
숙주 나무에
숙주가 넜다고
변심이라 말하지 말라

여행

좋은 데 아주 좋은데
명화로 셔터로 활동사진으로
삼촌지설三寸之舌로도
표현이 안 될 때
길을 떠나지

보이는 것에 감동과
애무를 받을 때의 소리는
같은 동의어
이 또한 지나가지만
오랜 기억과
중독이라는 두 가지가
동행하는 것

三寸之舌 : 뛰어난 말재주를 이르는 뜻

전문구

한해

아지랑이 피어난 새싹
지열로 따끈따끈 키워
무지개색 곱게 풀어
옹기화로에 자글자글 올려놓고
따끈한 아랫목에 둘러앉아
지난 이야기에 살을 끼운다

올 한 해도 고마웠노라고

허무

삼백예순 날에
절반이 감긴 눈
깎여가는 인생에
불어만 가는 나이테
찰나에 담긴 이름
속세는 멀지 않는데
끔뻑하는 사이
하루살이 인생
깊이는 사라지고
쌓여가는 그림
분주한 발자국에
공허만 남았네

전문구

가족

가족이 뭐야
아이가 밥알을 튕기며 묻는다
이렇게 둘러앉아 같이 밥 먹는 거야
할머니 할아버지와
차를 타고 여행 중 묻는다
왜 우리랑 같이 타고 가
가족이라 같이 타는 거야
응 그렇구나
그럼 외할머니 내도 가족이네
외삼촌이랑 자주 놀러 가잖아
옆에 앉은 할머니 얼굴이 시큼하다
버스를 타고 여행하며
여기 타고 가는 사람은 누구야
할머니 할아버지 고모도 있고 동생도 있잖아
모두 가족이란다
응 같이 타면 다 가족이구나
외삼촌 우리도 외할머니랑 같이 많이 다녀
그러자 며느리가 눈을 감춘다

기차를 타고 여행한다
여기 탄 사람들은 누구야
응 가족이란다
그러면
우리는 모두 가족이네
듣고 있던 모든 사람 입가에 번지는 미소

고개를 갸웃하며 들릴락 말락 한 소리로 중얼댄다
그런데 왜 테레비에선 자꾸 싸우지 가족인데

전문구

시해설

세월 안에 포개진 주름
전문구 시인의 『흐름』 시집

평론가 윤기영

시해설
세월 안에 포개진 주름
전문구 시인의 『흐름』 시집

평론가 윤기영

1

세월의 무늬를 일깨우는 시인의 정체성 속에는 한 인간이 걸어온 가족의 삶과 인생철학이 정직하게 스며 있다. 그 흐름을 따라가다 보면, 독자는 어느새 시인의 내면에 닿아 있는 향수와 사색의 정원 속을 천천히 거닐게 된다. 『흐름』은 바로 그 시간의 강물 위에 놓인 시인의 마음의 기록이며, 삶을 되돌아보게 하는 조용한 울림의 시집이다.

이 시집 속 「마른 대화」「저 꽃잎」「시인과 건달 농부」「친구가 좋아 필드로 간 시」「청혼」 등의 작품들은 시인이 삶을 통해 길어 올린 진솔한 언어들로 가득하다. 그 언어들은 마음의 고향, 가족, 친구, 그리고 세월의 흔적을 한 폭의 수묵화처럼 펼쳐 보인다. 눈을 감았다가 다시 뜨면, 어느새 변해버린 세월 앞에서 우리는 숙연해지고, 그 속에서 흘러간 시간의 냄새와 눈물의 온도를 느낀다.

전문구 시인의 여섯 번째 시집 원고 100여 편을 받아들었을 때, 나는 시 한 편 한 편을 마주하며 깊은 경외심을 느꼈다. 보이지 않는 안개 같은 세월 속에서도 묵묵히 글을 써 내려간 시인의 정서가 얼마나 고요하고도 단단한지, 그 열정의 마음결이 손끝으로 전해졌다. 시 한 편의 탄생은 고단한 노동의 결과이며, 그 속에는 바람 소리와 침묵이 교차하는 무언의 세계가 있다. 시인은 그 세계의 여정을 담담히 견뎌내며, 고독 속에서도 언어를 피워 올렸다.

 이번 시집 『흐름』은 그러한 여정의 정점에서 피어난 '고소란' 같은 시집이다. 들꽃처럼 피어나 독자의 마음을 향기로 물들이고, 잊혀진 시간의 강가에서 다시 삶의 본질을 묻는다. 시인의 시어 속에는 바람의 결이 있고, 고요히 흐르는 물소리가 있다. 그것은 인생의 한 흐름이자, 시인이 살아온 세월의 숨결이다.

『흐름』을 읽는 일은 단순히 시를 감상하는 일이 아니라, 시인의 삶을 함께 걷는 일이다. 그 길 위에서 우리는 묻는다.『나는 지금 어떤 흐름 속에 서 있는가?』이 시집은 그 물음에 대한 따뜻한 대답이며, 우리가 잊고 지낸 마음의 근원을 다시 일깨워 주는 시집 형식이다.

이제 전문구 시인의 한편 한 편의 시울림 속에서 자신을 되돌아보는 시간이다.

허기진 꽁보리밥
목 넘길 때는 몰랐습니다
나만의 향기가 나올 수 있음에
코를 비틀며 감사했습니다
짠지 한입 오물거릴 때

윤기영

눈웃음 짓는 누이가 가물거리고
버짐 먹은 얼굴이 보일 때
세수 안 한 조각인 줄 알았지요

한 시간 도로를 잡고
보리밥을 찾을 때는
빈 배가 아니었습니다
미끄덩거리는 납작보리
고향을 그리는 마음의 결이
김칫국물에 눈물을 떨굽니다
가난이 멀어진 줄 알았는데
고향이 멀어져 있었습니다

 「흐름」 부분

 전문구 흐름의 시는 「보리밥」이라는 구체적인 사물을 통해, 가난했던 시절의 추억과 그 속의 따뜻한 정(情)을 회상하고 있다. 흐름의 시 정서는 과거의 기억이 현재로 흘러드는 「시간의 흐름」 속에 고향을 사유하며 언제나 변하지 않는 젊음을 간직한 애잔함이 짓누르고 있다.

 첫 연의 「허기진 꽁보리밥 목넘길 때는 몰랐습니다」라는 구절은, 가난 속에서도 생명을 이어주던 보리밥의 소중함을 뒤늦게 깨닫는 회한을 담고 있다. 화자는 「코를 비틀며 감사했다」라고 표현함으로써, 냄새조차 감사의 대상으로 승화시키며 인간적인 진심을 드러낸다. 이는 단순한 음식의 묘사가 아니라, 삶의 근원적 향기를 되새기는 순간이다.

둘째 연에서는 「짠지 한입 오물거릴 때/ 눈웃음 짓는 누이가 가물거리고」라는 장면을 통해 가난한 식탁의 풍경 속 가족애가 그려진다. 보리밥 한 끼가 단순한 생존의 상징이 아니라, 가족의 사랑과 유대감을 품고 있음을 느끼게 한다.

 마지막 연으로 갈수록 시의 정서는 회한과 그리움으로 짙어진다. 「가난이 멀어진 줄 알았는데/ 고향이 멀어져 있었습니다」라는 결말은, 물질적 결핍이 사라진 현대의 삶 속에서 정서적 결핍이 오히려 커졌음을 보여준다. 이 역설적 깨달음이 시의 핵심이다. 결국 「흐름」은 「가난에서 벗어났지만」 마음의 고향은 멀어진 시대의 아이러니를 잔잔하게 노래한다.

 보리밥 한 그릇에 담긴 시인의 정서는, 우리가 모두 잊고 있던 감사와 향수의 본질을 되돌아보게 만들어 준다. 시인의 다음 문장이 기다려진다.

애타게 기다리는
꽃이랍니다
그대가 오면
춤을 추어요

말없이 기다립니다
다가오면 꽃 깃을 엽니다
그대를 몸으로 받아 숨기려
하지만 생태계가 달라
조심스럽습니다

윤기영

실수로 뒤를 밟아
밀려납니다
신발을 거꾸로 신은 채
떨어진 꽃잎을 밟고
눈물을 흘리며 그대를 탓합니다
핑계 없는 무덤은 없다면서

_「바람」 부분

  전문구 시인의 「바람」은 기다림의 미학을 섬세하게 노래한 시다. 겉으로는 단순한 '꽃'과 '바람'의 만남처럼 보이지만, 그 속에는 관계의 긴장과 삶의 거리감, 그리고 다가섬의 두려움이 함께 서려 있다.

  첫 연에서 「애타게 기다리는 꽃」은 이미 사랑의 주체이자 존재의 상징으로 제시된다. 시 속의 '꽃'은 바람을 기다리는 대상이지만, 동시에 기다림의 자체가 존재의 이유가 되는 존재이다. 「그대가 오면 춤을 추어요」라는 짧은 구절 속에는 설렘과 두려움이 동시에 깃들어 있다. 그것은 인간이 타인을 향해 마음을 여는 순간의 떨림, 그리고 사랑이라는 생태 속에서 마주하게 되는 자기 보호의 본능을 함께 담고 있다.

  둘째 연의 「그대를 몸으로 받아 숨기려/ 하지만 생태계가 달라/ 조심스럽습니다」는 이 시의 핵심이다. 시인은 자연의 언어를 빌려 관계의 간격을 표현한다. 바람과 꽃은 서로를 향하지만, 결코 완전히 하나가 될 수 없는 존재들이다. 이 다름의 세계를 인정하면서도, 시인은 여전히 그 만남을 갈망한다. '조심스러움'은 단순한 거리 두기가 아니라, 상대를 존중하는 사랑의 또 다른 이름이다.

마지막 연에서의 전환은 인간적이다. 「실수로 뒤를 밟아/ 밀려납니다/ 신발을 거꾸로 신은 채」라는 표현은 어긋난 관계의 상징이자, 세상 속에서 자주 상처받는 인간의 초상이다. 꽃잎을 밟고 흘리는 눈물은 단순한 슬픔이 아니라, 자신이 만든 상처를 향한 반성이다. 「핑계 없는 무덤은 없다면서」라는 구절은 냉철한 자기 인식으로 마무리되며, 시적 주체가 다시 성찰의 자리로 돌아오게 한다.

 이 시는 바람과 꽃의 은유를 통해 「만남과 상처, 사랑과 거리, 그리고 인간의 숙명적 기다림」을 그린다. 그 기다림은 고요하지만, 결코 멈춰 있지 않다. 바람이 지나가면 또다시 꽃은 흔들리고, 그 흔들림 속에서 시인은 자신이 여전히 살아 있음을 느낀다.

「바람」은 그렇게 우리에게 묻는다.
「당신의 기다림은 지금 어떤 방향으로 불고 있습니까?」

 전문구 시인의 「흐름」의 시에서 주는 의미와 시대적 시의 흐름을 성찰해 보는 시간이다.

 박목월 시인 '사계절과 인생을 아우르는 정제된 시어. 대표작 〈하관〉〈산이 날 에워싸고〉〈나그네〉 중에서 자연의 풍경을 빌려 인생의 덧없음과 아름다움을 동시에 노래한 시이다.
 전문구 시인의 『흐름』의 서정성은 박목월의 정갈한 언어와 매우 가깝습니다. 「마른 대화」나 「저 꽃잎」 등의 작품도 박목월의 시인의 '자연과 인생이 맞닿는 자리'를 보여주는 시와 같은 맥락의 서정시들이다.

윤기영

정호승 시인 '슬픔과 기다림을 시적 위로로 바꾸는 서정성' 대표작 〈수선화에게〉, 〈바다로 가는 시내버스〉 〈사랑하다가 죽어버려라〉 시는 삶의 고통을 부드럽게 감싸 안는 위로의 언어로 가득합니다.

 전문구 시인의 『흐름』 역시 가족, 고향, 친구, 세월이라는 정서의 뿌리 속에서 「상처를 품은 따뜻한 사람의 시」를 들려줍니다. 「눈물이 나면 기차를 타라.」 이 한 줄처럼, 『흐름』 속 시들도 「시간 속을 흘러가는 인생의 여정」이라는 기차에 올라탄 듯 조용히 삶의 울림을 되새깁니다.

 전문구 시인의 「바람」의 존재와 관계의 거리감을 성찰해 보는 시간이다.

 정현종 시인의 시에는 늘 '바람', '거리', '빈자리', '만남' 같은 단어가 등장합니다. 그는 세상과의 접촉을 「가벼운 바람의 통과처럼」 표현하면서, 존재 간의 거리를 부드럽게 드러냅니다.

 전문구 시인의 「바람」 또한 「그대를 몸으로 받아 숨기려/ 하지만 생태계가 달라/ 조심스럽습니다」처럼, 서로를 향하지만 닿을 수 없는 존재의 간극을 시적으로 형상화한다는 점에서 매우 닮았습니다. 「사람이 온다는 건/ 실은 어마어마한 일이다.」 이 정현종의 구절처럼, 「바람」도 「그대가 오면/ 춤을 추어요」라는 표현으로 존재의 '만남 그 자체'를 경외와 설렘으로 다루고 있습니다.

 박남수는 '바람', '꽃잎', '빛' 같은 자연의 이미지로 감정의 미세한 떨림을 표현합니다.

그의 시어는 부드럽지만, 한 줄 한 줄이 의미의 결로 엮여 있어 깊은 울림을 남깁니다.

 전문구 시인의 「바람」 또한 「신발을 거꾸로 신은 채/ 떨어진 꽃잎을 밟고/ 눈물을 흘리며」와 같은 장면에서 박남수의 시처럼 '정서가 형상으로 바뀌는 순간'을 포착하고 있습니다.

 전문구 시인의 「흐름」 「바람」을 통한 시는 단순한 삶의 묘사가 아니라 그가 살아온 인생철학과 가족, 친구 그리고 자신은 세월 속에 흐르는 강물이며 그 속의 한 물결로 바라보는 존재임을 말하고 있다.

2

 전문구 시인의 삶의 흐름 속에 존재 의식과 인생 철학이 궁금하다. 시인은 자신의 발자취를 남겨놓는 성찰이 있다. 그 성찰을 통해 시인의 치부까지 드러나는 게 시인의 진솔한 정체성이다. 시인은 자연의 흐름과 삶은 공존하고 있음을 잘 보여주고 있다. 시간이 주는 순환의 시대는 기억을 더듬고 삶에서 오는 둔탁한 소리를 느끼고 있음을 예시해 준다. 어쩌면 세월이 주는 삶의 진리 속에서 붉은 단풍잎처럼 물들어 가고 있음을 환유하고 있다.

가난이 엉덩이를 밀고 올 때
할배는 조팝나무 한 아름 안고
밀린 장사葬事에 어머님이 보낸 거라며

윤기영

함박웃음에 향기를 다듬어
대문을 들어서고 있었다
어제까지만 해도 웃음 사라진
밭을 더듬고 다녔는데
무엇이 저렇게 행복한 웃음으로
자리 잡고 있을까
마루에 앉은 도토리들은
거른 끼니에 고개를 숙이고
할머니 머리에 꽃이
아이고 저 양반
곤충채집 하러 간다더니
곡물 채집하고 왔네

멀뚱한 눈들이 갑자기 쏠린다
아버지의 지게에 얹힌 자루가
부엌을 넘어설 때까지 따라간다
아이들 배는 이미 불러오고 있다
기다리는 시간이 풀어진 얼굴
부엌에서 들리는 달그락 소리로
작곡을 하고 있다
내일은 칫간에 갈 수 있겠다.

_「보릿고개」 부문

「결핍 속에서 피어난 생명의 의지」
이 시는 가난의 시대를 배경으로 하면서도 절망이 아닌 삶의 환희를 보여줍니다. 「조팝나무 한 아름 안고 함박웃음 짓는 할배」의 모습은, 궁핍 속에서도 사람을 살게 하는 웃음의 철학을 상징합니다. 할머니의 농담과 아이들의 배고픔까지도 '생존의 유머'로 버무려내며, '달그락 소리로 작곡한다'는 구절은 결핍을 예술로 승화시키는 인간의 창조성을 은유합니다. 인간은 결핍 속에서도 웃음과 사랑으로 삶을 견딜 수 있는 존재이기도 합니다.

엽록소 사라진 팔십이라 해도
미워지지 않은데 어떡해요
엉덩이도 무른 호박이라지만
생겼다가 넘어간 구석이에요
호박 주름이 가득해 하얀 분을 바르고
가슴통은 산사태로 주르륵 흘러내리고
펴야 할 곳은 굽어진 굴뚝 항아리
머리는 볶아진 라면에 수프가 듬성듬성
얇은 포대를 걸친 사리마다
살이 많으면 힘들게 해 부은 것
말라비틀어지면 자식이 빼앗아 버린 살
커피믹스가 맛있다고 다시는 입맛
멀리 보이는 실루엣만 보아도 우리 엄마
우리 엄만데 동물도 엄마가 나타나면 시시덕
대문도 우리가 열면 삐이딱 엄마가 열면 발그레
엄마 젖은 두 갠데 아이들은 다섯
모두 제 것이라 착각하지
뚫어지게 봐도 예쁘게 마모된 요술 거울은 없는데
돌아보면 너무도 사랑스러워요

하늘에 귀를 박고 들으면 그런 소리가 들려요
가난한 식탁으로 마음이 아팠고
힘 빠진 황소걸음으로 걸었고
울퉁불퉁 살아온 모습이 허리춤에 숨었고
가늘어진 가슴을 두 꼭지에 달고

윤기영

엄마는 녹이 슨 보석이래요
닦으려 해도 늦었대요
침침해진 흔적으로
엄마를 지우려는 모습에
당신이 좋아했던
커피 향기가 나요

_「엄마」 부분

「소멸의 미학, 사랑의 잔향」
이 시는 노년의 어머니를 바라보는 자식의 깊은 연민과 자기 성찰이 녹아 있습니다. 「녹이 슨 보석」이라는 표현은, 세월이 만든 상처마저도 존엄한 아름다움으로 승화시키는 철학을 담습니다. '가난한 식탁', '황소걸음' 같은 구절들은 한 세대의 희생과 노동을 통한 존재의 숭고함을 드러냅니다. 커피 향기는 엄마의 흔적이자 '사라진 존재의 영혼'을 느끼게 하는 감각적 상징으로 작용합니다. 사랑은 사라지는 것이 아니라, 기억과 향기로 남아 삶을 지탱한다.

「보릿고개」는 가난이라는 절망의 풍경을 '웃음'과 '향기'로 치환한다. 가난을 비극으로만 보지 않고, 결핍 속에서도 생명력을 잃지 않는 인간의 의지를 노래한다. 그 웃음은 허무의 웃음이 아니라, 「내일은 칫간에 갈 수 있겠다」는 소박한 희망의 철학이다. 시인은 이렇게 말한다. 삶은 굶주림 속에서도 희망을 버리지 않는 노래다.

「엄마」는 시간에 깎여 사라져가는 어머니의 육체와 정신을 **'녹슨 보석'**으로 형상화한다. 사라져가는 존재이지만, 그 녹은 빛나는 흔적이며, 그 흔적 속에 사랑의 지속성이 깃든다. 자식의 시선 속 어머니는 흉터가 아니라 사랑의 퇴적물로 존재한다. 이는 시인이 가진 삶의 인식 노쇠 또한 아름답고, 사랑은 소멸이 아니라 잔향이다.

구석진 병실에
앵무새 문안하는 흔적
속으로 흥정한다

통장 논과 밭
두툼하게 살진 과수원
내키지 않는 마음을
어떻게 하겠나

이빨 빠진 톱이 날을 세운다

퇴원하려는 통장이
빵빵한 배를 불쑥 내민다
주름진 눈에
나팔꽃 제품이 불쑥 들이민다

마약이라도 먹고 퇴원해야지
멸치처럼 빼빼 말려 버려야 해

병원 밥을 푹 떠
입속으로 욱여넣는다

_「아버지의 마음」 부분

윤기영

천고에도 없고
만고에도 없다는
할머니는 요술쟁이였지
받침 없는 말을 해도
내 마음을 다 알아버렸어

샛노란 해바라기 꽃처럼
흔들리면서도 넘어지지 않고
굽은 등은 만능 침대보다 편안했지
나는 엄마 자식인데
보기만 하면 내 새끼라며
어리둥절하게 만들었고

숨바꼭질해도
술래잡기해도
지나가면서도 못 찾는지
오리걸음으로 넘어질 듯하면
어느새 다가와 잡아주었지

그린 눈썹의 달맞이꽃
바람이 불어도 넘어지지 않고
주름 가득한 손이 부드러웠던 것은
엄마 손보다 깊었고
미소가 담긴 사랑의 눈길
바라만 봐도 행복했지

왜 할머니는
나를 기다리지 않았어요
따스한 손 잡으며 말하고 싶었는데
사랑한다는 단 한마디도 못 했는데

_「할머니」 부분

「**노동과 생의 존엄에 대한 묵묵한 성찰**」
「아버지의 마음」 이 시는 경제적 현실과 병든 육신 앞에서도 흔들리지 않는 가부장의 내면 갈등을 드러냅니다. '통장' '과수원' '병원 밥' 등 구체적 사물들은 생의 무게와 책임의 언어로 기능합니다. 「마약이라도 먹고 퇴원해야지」라는 절망적 언어 속에는 오히려 끝까지 버티며 살아내려는 인간의 존엄한 의지가 숨어 있습니다. 삶의 고통은 도피가 아닌, 끝까지 견뎌내야 할 인간의 몫이다. 「아버지 마음」은 물질과 생존의 경계에서 흔들리는 남성의 내면을 들여다본다. '논과 밭, 통장, 병실'이라는 현실적 이미지들은 삶의 무게를 실감케 하면서도, 끝내 포기하지 않는 노동과 책임의 윤리를 드러낸다. 시인은 아버지의 고통을 연민이 아닌 존엄의 언어로 풀어내며, 삶의 무게를 감내하는 인간의 본성을 보여준다.

「**무조건적 사랑의 근원**」
「할머니」는 시간과 세대를 초월한 원형적 사랑의 근원을 노래합니다. '받침 없는 말로도 마음을 알아버린' 할머니의 모습은 언어 이전의 사랑, 즉 인간 존재의 본질적 따뜻함을 상징합니다. '주름 가득한 손' '그린 눈썹의 달맞이꽃'은 늙음 속에서도 사라지지 않는 생명력과 사랑의 지속성을 보여줍니다. 마지막 「사랑한다는 단 한마디도 못 했는데」는 세대 간의 미완의 사랑, 즉 말로 다 닿지 못하는 인간 존재의 한계를 담은 철학적 여운을 남깁니다. 사랑은 언어보다 깊은 곳에서 흐르는 영혼의 유대다. 「할머니」는 인간 존재의 뿌리, 무조건적 사랑의 근원을 상징한다. 「받침 없는 말로도 마음을 알아버린」 할머니의 직감은 언어 이전의 원초

윤기영

적 소통을 보여주며, 그 따스한 손길은 세대를 잇는 '사랑의 전이(轉移)'를 의미한다. 시인은 사랑이란 말로 표현되는 것이 아니라 살아 있음 자체로 전해지는 감정임을 일깨운다.

「아버지의 마음」과 「할머니」는 각각 **'존엄'과 '사랑'**이라는 인간 존재의 근원적 가치를 서로 다른 방식으로 드러낸다. 전자는 **삶의 고통 속에서도 책임을 다하는 인간의 존엄**, 즉 노동과 생의 의무를 감내하는 **아버지의 내면적 결연함**을 보여주고, 후자는 **언어 이전의 사랑**, 세대를 이어 흐르는 **무조건적 사랑의 근원**을 통해 인간 존재의 따뜻한 연속성을 노래한다. 결국 두 분은 서로 다른 삶의 국면, **존엄한 생의 투쟁(아버지)**과 **사랑의 원형적 전이(할머니)**-을 통해, **"인간은 고통 속에서도 살아가야 하며, 사랑 속에서 다시 태어난다"**는 하나의 인간학적 진리를 보여주고 있다.

3

전문구 시인의 시적 문체는 극도로 절제되어 있으며, 불필요한 수식이나 감상적 언어가 배제되어 있다는 것을 알게 된다. 이 절제의 미학은 곧 사물을 통해 얻어졌다는 것을 말하고 있다. 시인은 「말 많은 관계」가 아닌, 눈빛만으로 통하는 이해의 깊이를 강조하며 시구절마다 상징적으로 드러낸다. 시의 언어는 화려한 상징이나 수사보다, 생활 속 이미지와 인간적 체온으로 구축된 소박한 진실의 시학이다.

그 내면에는 시간의 관계, 존재와 성장의 철학적 성찰이 깊이 흐르고 있다.

시인은 인간관계의 핵심을 이해하기 위해 언어의 공감적 공명을 보기로 하자

보이는 것이 다가 아님은
뾰족한 마음과 다름이리라
흑백을 가르지 않고
편애하지 못하는 성격
대문 사라진 귀
미세하지만 항상 열려있지

고리에 걸린 소식은 꼭 전해주고
빈 고리로 수그리는 얼굴에
따끔한 침으로 충고
몽롱한 정신은 빨갛게 그려 내지

지나간 발자국은 화합의 자리
삐져나온 마음은 사라지고
매듭을 남겨둔 것은
변하지 말라는 충고
다만 젊음을 편해하는 미움
급한 성격에는 종일 윙크해도
열리지 않는 자물쇠
귓밥 가득한 귀와 긴 꼬리를 싫어하는
따스함을 이어주는 중매쟁이

_「바늘」부분

윤기영

이 시는 바늘이라는 사물을 단순한 도구로 보지 않고, 인간의 성격과 삶의 태도를 비유하는 매개로 삼고 있습니다. 「보이는 것이 다가 아님은/ 뾰족한 마음과 다름이리라」라는 구절은, 겉으로는 차갑고 날카로워 보여도 내면에는 따스함과 관계를 이어주는 본질이 있음을 말합니다. 즉, 바늘은 상처를 내는 존재이지만 동시에 옷감을 잇고, 관계를 봉합하는 화해의 상징으로 변주됩니다. 시인은 「고리에 걸린 소식/ 빈 고리로 수그리는 얼굴」,「따끔한 침으로 충고」등 바늘의 동작을 인간의 대화와 소통의 메타포로 확장합니다. 바늘귀는 타인의 목소리를 듣는 열린 귀이며, 그를 통해 들어온 「소식」을 다시 전하며 세상과 관계를 이어갑니다. 그러나「빈 고리로 수그리는 얼굴」처럼, 그 소통은 언제나 불완전하고 미세한 긴장을 내포하고 있지요. 시 후반부의 「매듭을 남겨둔 것은/ 변하지 말라는 충고」는 인상적인 구절입니다. 상처를 봉합하고 마무리할 때 생기는 「매듭」을 시인은 관계의 흔적, 삶의 마침표로 바라봅니다. 그 매듭은 단순한 끝이 아니라, 「변하지 말라」는 기억과 윤리의 약속으로 남습니다. 「급한 성격에는 종일 윙크해도/ 열리지 않는 자물쇠」는 바늘의 성질을 빌려 인내와 절제의 미덕을 은유합니다. 즉, 너무 성급한 마음에는 아무리 노크해도 열리지 않는 진심의 문이 있음을 지적합니다.

다음 시를 하나 더 성찰해 보는 시간입니다

씨앗을 보고
알 수 없잖아요

젖니가 빠지고
발기를 하고
잎에 혓바늘이 돋아도
필 때까지 기다리며
고목처럼 인내하다
방앗간을 알려주는 것이
진정한 가슴이에요
그래서 눈만 보아도
알 수 있는 거잖아요

_「친구는」 부분

  전문구 시인의 「친구는」은 친구를 「기다림과 인내, 그리고 깨달음을 주는 존재」로 형상화한 시입니다. 겉모습이 아닌 본질을 보게 하고, 어려움 속에서도 진심을 지켜주는 사람, 그가 바로「방앗간을 알려주는 친구」다. 짧은 시 안에 담긴 깊은 울림은, 오늘날 빠르게 변하는 인간관계 속에서 우정의 진정한 의미를 다시 생각하게 만드는 시입니다.

  전문구 시인은 「친구란 어떤 존재인가?」라는 단순하지만, 본질적인 물음을 던집니다. 그것을 화려한 말로 정의하지 않습니다. 대신 씨앗이 꽃으로 피기까지의 기다림처럼, 친구 또한 시간 속에서 서로를 믿고 기다려주는 존재라고 말합니다. 「씨앗을 보고 알 수 없잖아요」라는 첫 구절은 겉모습만으로 사람의 깊이를 판단할 수 없음을 일깨웁니다. 진정한 관계는 시간과 인내를 통해 드러난다는 철학이 깃들은 성찰입니다.

  「방앗간을 알려주는 것이/ 진정한 가슴이에요」입니다. 여기서 「방앗간」은 삶의 본질적 에너지, 즉 '사람이 사람에게 필요한 마음의 양식'을 상징합니다. 진정한

윤기영

친구는 단순히 위로해주는 존재가 아니라, 스스로 다시 일어설 수 있는 길을 알려주는 사람이라는 뜻입니다. 그것은 동정이 아니라 성숙한 사랑, 깊은 이해의 태도입니다.

전문구 시인의 「바늘」「친구는」 일상에서 언어로 드러낸 인간학적 삶의 사유를 보며 사물을 통해 진정한 삶의 어우러지는 진리를 보는 듯했다.

전문구 시인은 일상의 사물을 통해 인간 존재의 내면을 투명하게 비추어 낸다. 바늘이 상처를 꿰매며 아픔을 견디듯, 친구 또한 삶의 균열 속에서 서로를 지탱하는 존재로 그려진다. 시인은 이 두 사물을 통해 인간의 관계가 단순한 감정의 교류가 아니라, 서로의 상처를 이해하고 함께 봉합해 가는 과정임을 일깨운다. 결국 두 시의 세계는 '고통을 통해 성숙하는 인간의 존엄'과 '진정한 관계의 깊이'를 성찰하게 하며, 우리가 잊고 지낸 마음의 윤리를 조용히 되살려낸다.

4

이제 전문구 시인의 고단한 삶속에 그려진 절실한 환경을 보기로 한다. 시인은 시를 통해 자신의 아픈 상처와 고단한 삶에서 그려지는 시를 쓰게 되어 있다. 지난 시간과 현실에 직시하며 순간의 생각을 내면에서 눈을 통해 바람의 소리를 느끼는 순간 내 앞에 힘찬 에너지가 있다는 것을 글로 풀어나가고 있다.

분리수거가 필요 없는
목적을 숨긴 잡동사니
다양한 세상을 모아 놓았지

쏟아져 나오는 썰물이
한바탕 투정을 부리면
조근조근 밀려드는 밀물
어느새 넘어진 사다리 위로
사각 김밥 기다리는
내용물들로 가득 차지

어디서 터질지 모르는
각진 김밥의 무게를 달고
찰그닥 거리며 다양한
김밥을 나르고 있지

그런데 어디선가는
꼭 옆구리가 터지고 말거든

_「기차역」 부분

  전문구 시인의 「기차역」은 일상의 사물과 풍경 속에서 인간 군상의 불안과 관계의 균열을 유머러스하면서도 철학적으로 드러낸, 삶의 질서와 혼돈이 공존하는 사회의 축소판이다. 「기차역」은 단순히 열차가 오고 가는 공간이 아니라, 삶의 목적이 교차하는 인간 군상의 압축된 무대로 제시된다. 시인은 「분리수거가 필요 없는/ 목적을 숨긴 잡동사니」라는 구절로 출발한다. 이 표현은 인간이 각자의 목적과 욕망을 숨긴 채 모여 있는 현대 사회의 초상을 상징한다. 「분리수거가 필요 없는」이라는 역설적 구절은, 모두가 다르고 제각각임

윤기영

에도 불구하고 결국 한 공간 안에 뒤섞여 있는 혼종적 인간 군상을 의미한다. 「쏟아져 나오는 썰물이/ 한바탕 투정을 부리면/ 조근조근 밀려드는 밀물」 이 구절은 기차역의 실제 풍경, 즉 사람들이 빠져나가고 들어오는 반복된 장면을 **자연의 조류(潮流)**로 표현한다. 이는 단순한 묘사가 아니라, 삶의 흐름과 순환 구조를 함축한 상징이다. 「투정을 부리는 썰물」은 현대인의 불만과 피로를, 「조근조근 밀려드는 밀물」은 다시 일상으로 복귀하는 체념적 반복을 암시한다.
기차역의 시간은 곧 인간 존재의 순환적 리듬이다.
전분구 시인의 인생철학을 보기로 하자

보잘것없는
싹이 돋아나고
아직 감춰둔 거름을
빨아들이기 시작하면
보이지 않는 어려움에
동정이 흘러들어
서서히 감동을 먹어요

생이 겹쳐 보이는 날이
시작되고 익숙해지는 날
그런 날이 다가오면 비로소
입가에 미소가 사라지지 않아요

성공 뒤에는
꼭
보이지 않던 공명이
고된 거름 속에 보이니까요

_「고행 흔적」 부분

전문구 시인의 이 시는 「보잘것없는 싹」에서 출발해 「성공 뒤의 공명」으로 나아가는 생의 순환을 그리고 있다. 시인은 한 생명의 발아 과정을 통해 인간의 노력과 고행이 어떻게 감동으로 변모하는지를 보여준다. 「보이지 않는 어려움에 동정이 흘러들어/ 서서히 감동을 먹어요」라는 구절은, 타인의 고난을 바라보는 인간적 연민이 결국 '감동'이라는 정신적 결실로 이어짐을 말한다. 또한 「생이 겹쳐 보이는 날」은 과거의 자신과 현재의 자신이 포개지는 순간이며, 그때 비로소 진정한 성숙이 도래한다. 마지막의 「성공 뒤에는 꼭 보이지 않던 공명이/ 고된 거름 속에 보이니까요」는 시 전체의 철학을 응축이다. 이 구절에서 「공명」은 단순한 성취의 울림이 아니라, 고행의 흔적 속에서 비로소 드러나는 존재의 깊이를 뜻한다. 결국 「고행 흔적」은 「고통의 시간은 헛되지 않다」는 인생의 진리를, 자연의 성장 비유를 통해 따뜻하게 전하고 있는 **인내와 성숙의 시학(詩學)**이라 할 수 있다.

 전문구 시인은 시를 통해 문학의 본질적 가치가 얼마나 소중한가를 일깨워 주는 시인이다. 그는 삶의 언어 속에서 길어 올린 진실한 목소리로, 인간이 관계 속에서 부대끼며 얻게 되는 언어의 무게와 아름다움을 시적으로 표현한다. 가족과 친구, 그리고 자연과의 교감을 통해 얻은 언어의 순수한 열정은 그의 시를 구성하는 근원적인 힘이며, 바로 그 점에서 전문구 시인은 일상의 체험을 시적 진정성으로 승화시키는 서정 시인이라 할 수 있다.

윤기영

우리는 그의 시를 통해 단순히 서정시에 접근하는 것이 아니라, 삶을 바라보는 방식과 자연의 이치를 깨닫는 성찰의 시학을 배우게 된다. 전문구 시인의 여섯 번째 시집 『흐름』은 이러한 성찰의 결정체로, 시적 언어가 지닌 영혼의 깊이를 다시금 확인하게 한다.

시집의 제목이기도 한 「흐름」에서 '흐름'은 단순한 물리적 이동이 아니라, 인간 존재가 시간과 삶의 변화를 통과하며 끊임없이 자신을 갱신해 가는 존재론적 운동성을 상징한다. 시인은 세월의 흐름 속에서 드러나는 삶의 덧없음과 그 안에 깃든 생명의 지속성을 포착함으로써, 정지와 변화, 고통과 회복이 맞물린 인생의 순환 구조를 시적으로 형상화하고 있다.

따라서 '흐름'은 곧 삶을 지탱하는 근원적 에너지이자, 인간이 현실의 무게를 견디며 자기 성찰을 통해 다시 태어나는 정신적 여정을 함축하는 핵심어라 할 수 있다. 『흐름』을 통해 전문구 시인은 다시 한 번 진실한 내면의 독백을 시의 언어로 구현하며, 서정 정신이 지닌 순수한 힘을 새롭게 일깨워 준다. 그의 시가 보여주는 이러한 서사적 확장과 시적 깊이는 앞으로의 시 세계가 더욱 성숙하고 확장될 수 있음을 예고한다. 시집 『흐름』의 출간을 진심으로 축하하며, 그의 문학적 여정에 뜨거운 찬사를 보낸다.

창작동네 시인선 199

흐름

인　쇄 : 초판인쇄 2025년 11월 15일
지은이 : 전문구
펴낸이 : 윤기영
편집장 : 정설연
펴낸곳 : 노트북 출판사_
등　록 : 제 305-2012-000048호
본　사 : 서울시 동대문구 사가정로 256-4호 나동 B101
전　화 : 02-831-5832 팩시밀리 02-844-5756
H　P : 010-8263-8233
이메일 : hdpoem55@hanmail.net
판　형 : 신한국판형 P144 130-210

2025년 11월 15일 흐름 전문구 제6집

정 가 : 10,000원

ISBN : 979-11-24140-02-4-03810

*저자와의 협의로 인지는 생략합니다.
*잘못된 책은 교환해 드립니다.